THIS BOOK BELONGS TO

NUMBER
COLORING and
TRACING BOOK

Come to meet

each number

character

FIVE

NINE

1 1 1 1 1 1 1 1 1 1

1 1 1 1 1 1 1 1 1 1

One One One One

One One One One

One One One One

One One One One

One One One One

One One One One

One One One One

One One One One

One One One One

ONE

2
2 2 2 2 2 2
2 2 2 2 2 2
Two Two Two Two
Two Two Two Two

2 2 2 2 2 2

2 2 2 2 2 2

2 2 2 2 2 2

2 2 2 2 2 2

2 2 2 2 2 2

2 2 2 2 2 2

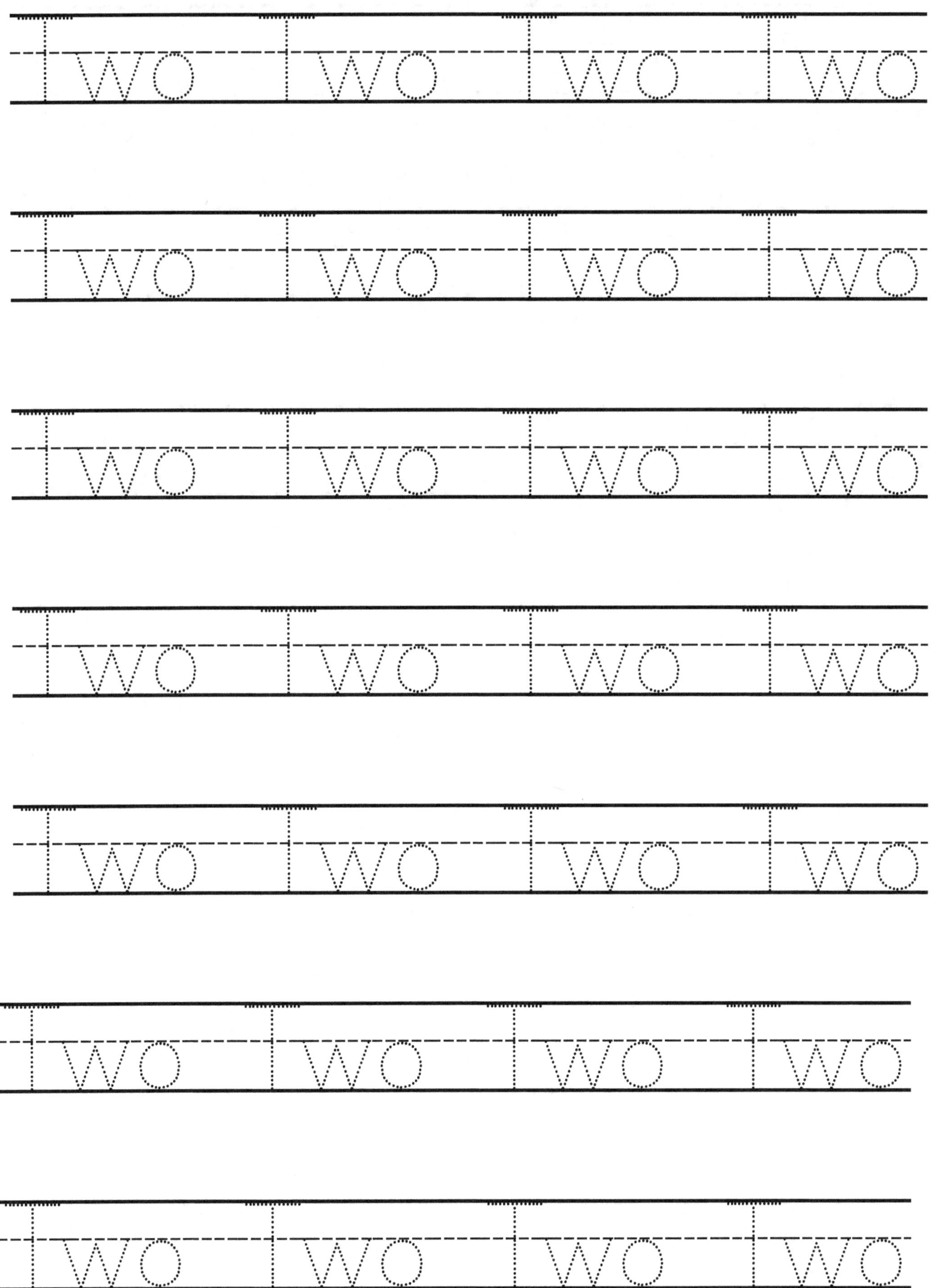

Two Two Two Two
Two Two Two Two
Two Two Two Two
Two Two Two Two
Two Two Two Two
Two Two Two Two
Two Two Two Two

TWO

3
Three Three Three
Three Three Three

3 3 3 3 3 3

3 3 3 3 3 3

3 3 3 3 3 3

3 3 3 3 3 3

3 3 3 3 3 3

3 3 3 3 3 3

Three Three Three

Three Three Three

Three Three Three

Three Three Three

Three Three Three

Three Three Three

Three Three Three

THREE

4 4 4 4 4
4 4 4 4 4
Four Four Four Four Four
Four Four Four Four Four

Four Four Four Four

Four Four Four Four

Four Four Four Four

Four Four Four Four

Four Four Four Four

Four Four Four Four

Four Four Four Four

FOUR

5 5 5 5 5 5

5 5 5 5 5 5

Five Five Five Five

Five Five Five Five

5 5 5 5 5 5

5 5 5 5 5 5

5 5 5 5 5 5

5 5 5 5 5 5

5 5 5 5 5 5

5 5 5 5 5 5

Five Five Five Five
Five Five Five Five
Five Five Five Five
Five Five Five Five
Five Five Five Five
Five Five Five Five
Five Five Five Five

FIVE

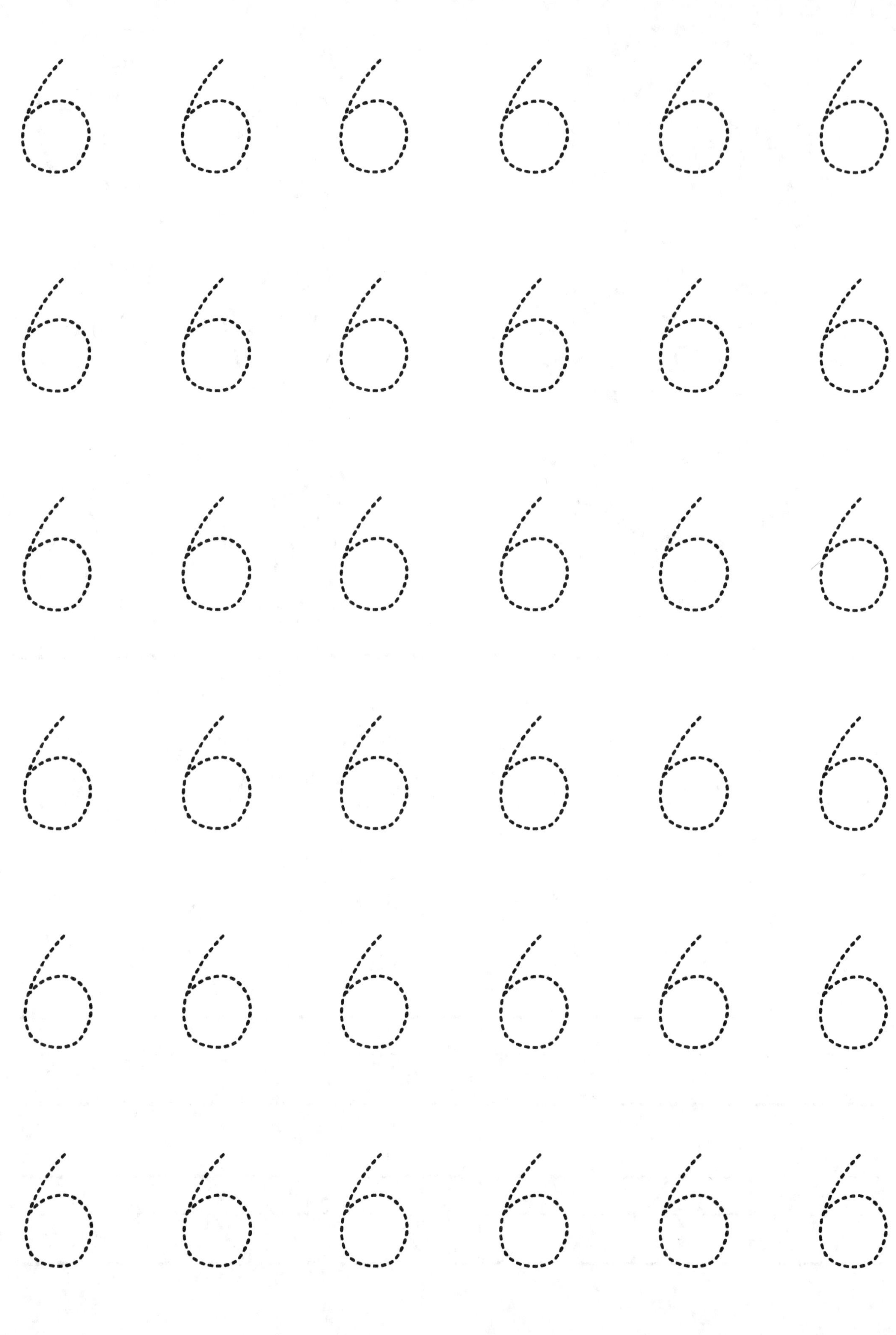

Six Six Six Six Six

Six Six Six Six Six

Six Six Six Six Six

Six Six Six Six Six

Six Six Six Six Six

Six Six Six Six Six

Six Six Six Six Six

SIX

7 7 7 7 7 7

7 7 7 7 7 7

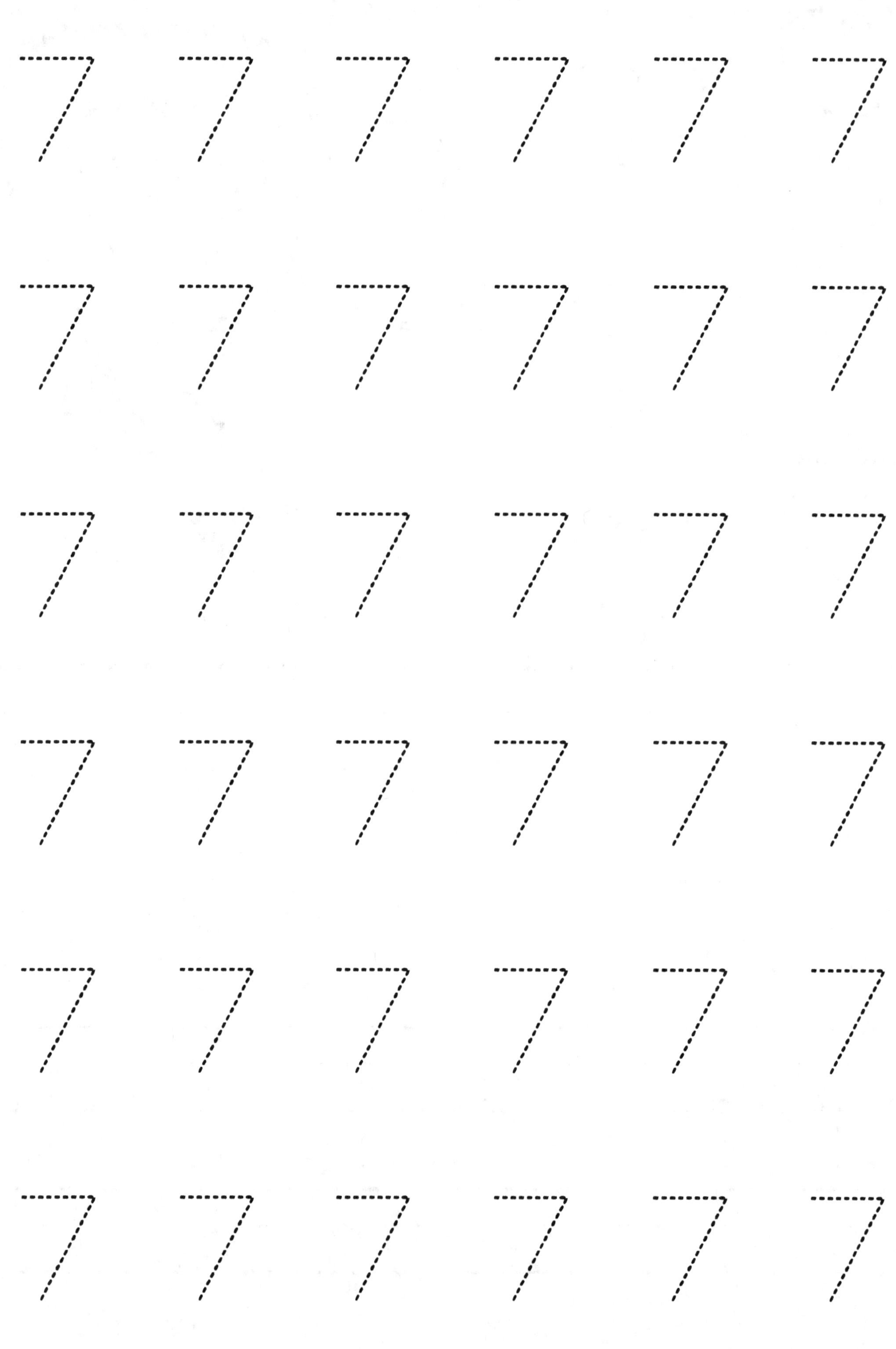

Seven Seven Seven

Seven Seven Seven

Seven Seven Seven

Seven Seven Seven

Seven Seven Seven

Seven Seven Seven

Seven Seven Seven

SEVEN

8
8 8 8 8 8 8
8 8 8 8 8 8
Eight Eight Eight
Eight Eight Eight

8 8 8 8 8 8

8 8 8 8 8 8

8 8 8 8 8 8

8 8 8 8 8 8

8 8 8 8 8 8

8 8 8 8 8 8

Eight Eight Eight

Eight Eight Eight

Eight Eight Eight

Eight Eight Eight

Eight Eight Eight

Eight Eight Eight

Eight Eight Eight

EIGHT

9 9 9 9 9 9
9 9 9 9 9 9
Nine Nine Nine
Nine Nine Nine

Nine Nine Nine

Nine Nine Nine

Nine Nine Nine

Nine Nine Nine

Nine Nine Nine

Nine Nine Nine

Nine Nine Nine

NINE

10 10 10 10 10

10 10 10 10 10

Ten Ten Ten Ten Ten

Ten Ten Ten Ten

10 10 10 10 10

10 10 10 10 10

10 10 10 10 10

10 10 10 10 10

10 10 10 10 10

10 10 10 10 10

Ten Ten Ten Ten

Ten Ten Ten Ten

Ten Ten Ten Ten

Ten Ten Ten Ten

Ten Ten Ten Ten

Ten Ten Ten Ten

Ten Ten Ten Ten

TEN